CVC WORDS ACTIVITIES

Consonant-Vowel-Consonant Worksheets

This notebook belongs to:

Super Smart Kids

Look at the pictures and trace the words

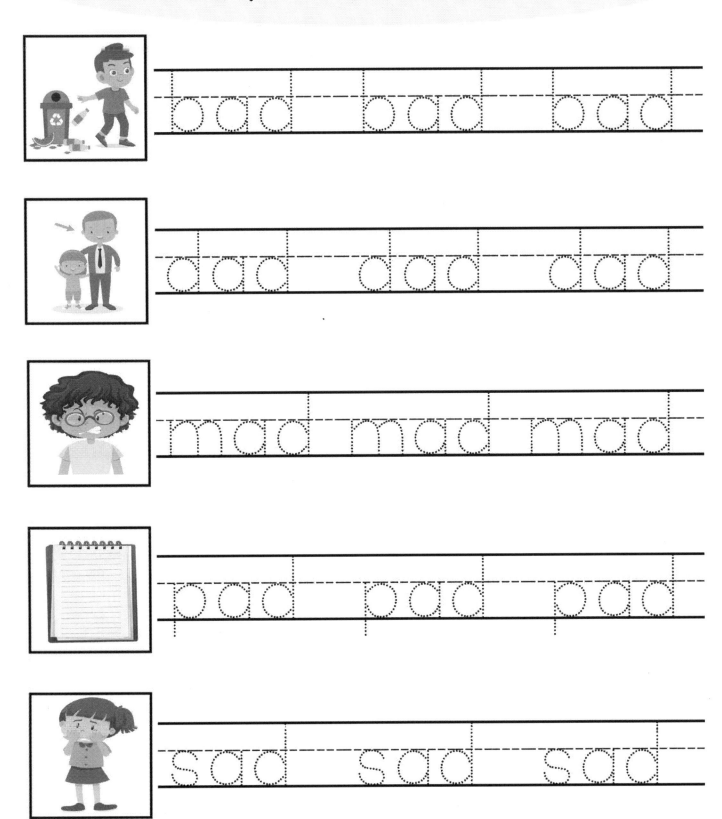

Look at the pictures and trace and write the words

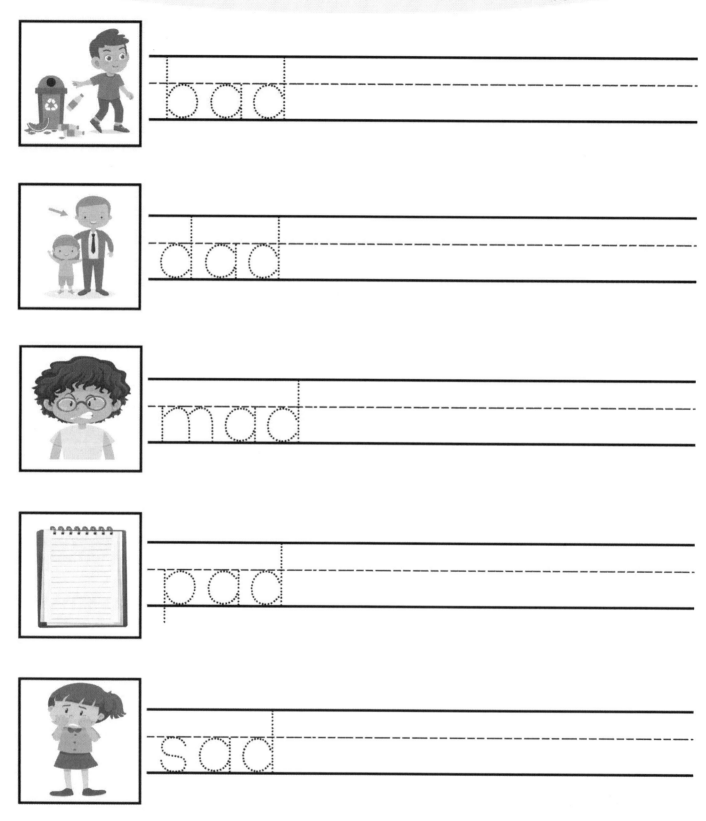

bad

dad

mad

pad

sad

Match the words to the pictures and trace the words

pad

sad

bad

mad

dad

Match the words to the pictures and write them down

pad

sad

dad

mad

bad

Look at the pictures and write the missing letters

Unscramble and Write

 d b a _____

 d d a _____

 a m d _____

 p d a _____

 d s a _____

Look at the pictures
and choose the correct words to complete the sentences
sad   bad   pad
dad   mad

He is a _____ boy.

This is my _____.

I am _____.

This is my _____.

She is _____.

Look at the pictures and trace the words

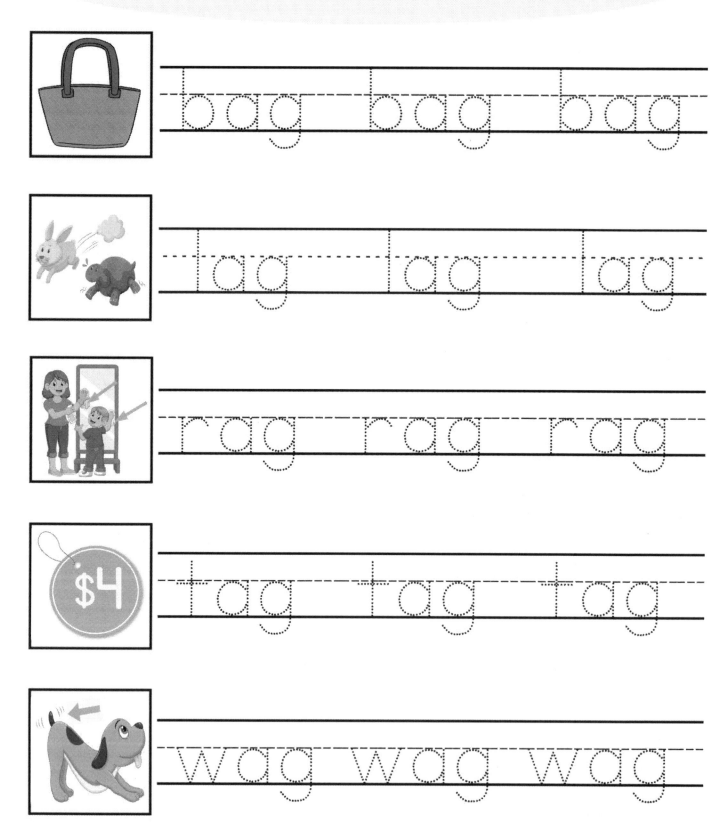

bag bag bag

tag tag tag

rag rag rag

tag tag tag

wag wag wag

Look at the pictures
and trace and write the words

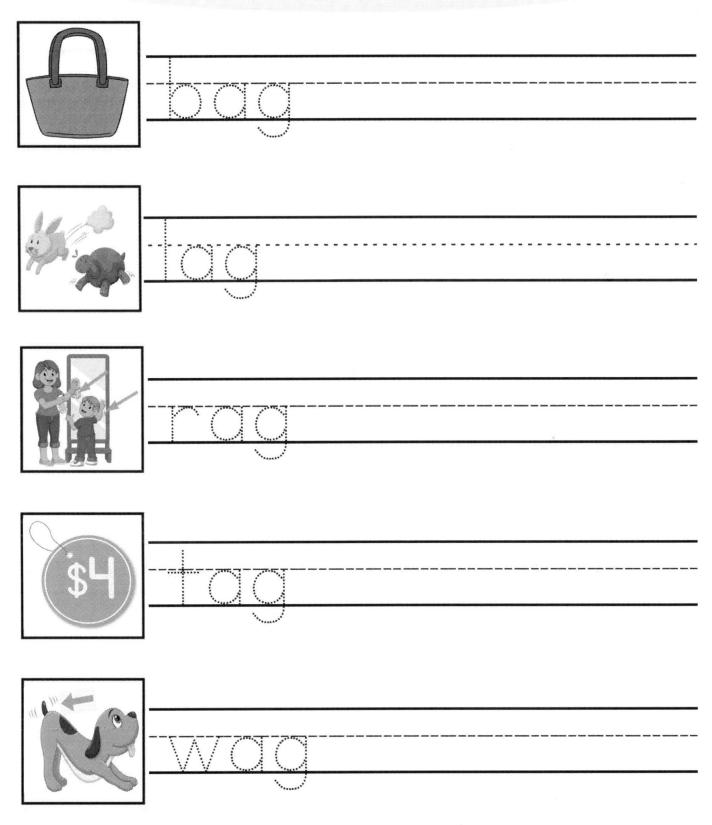

bag

tag

rag

tag

wag

Match the words to the pictures and trace the words

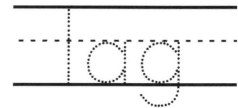

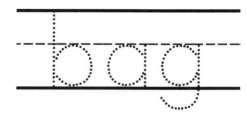

Match the words to the pictures and write them down

Picture	Line	Word
(bag)	_____	tag
(rabbit and tortoise racing)	_____	wag
(mirror)	_____	lag
($4 price tag)	_____	bag
(dog wagging tail)	_____	rag

Look at the pictures
and write the missing letters

Look at the pictures and unscramble and write the words

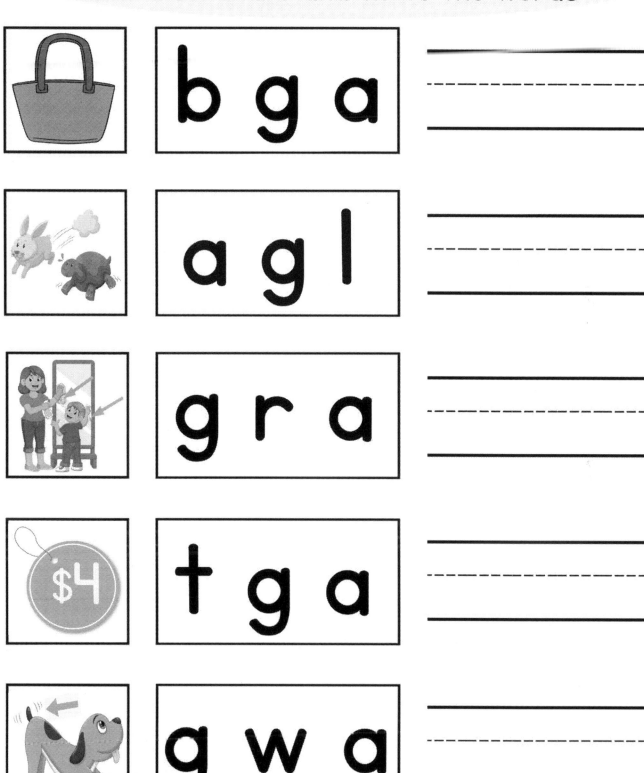

Look at the pictures
and choose the correct words to complete the sentences

tag   bag   wag
rag   lag

 This is my _____.

 Don't _____ behind.

 We wiped the _____ mirror with a _____.

 I see a price _____.

 My dog can _____ his tail.

Look at the pictures and trace the words

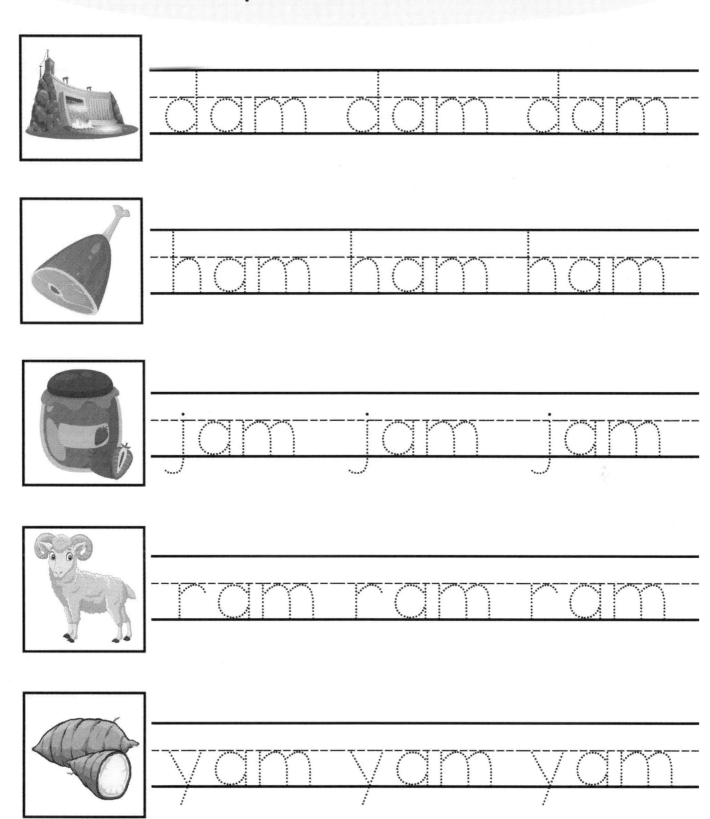

dam dam dam

ham ham ham

jam jam jam

ram ram ram

yam yam yam

Look at the pictures
and trace and write the words

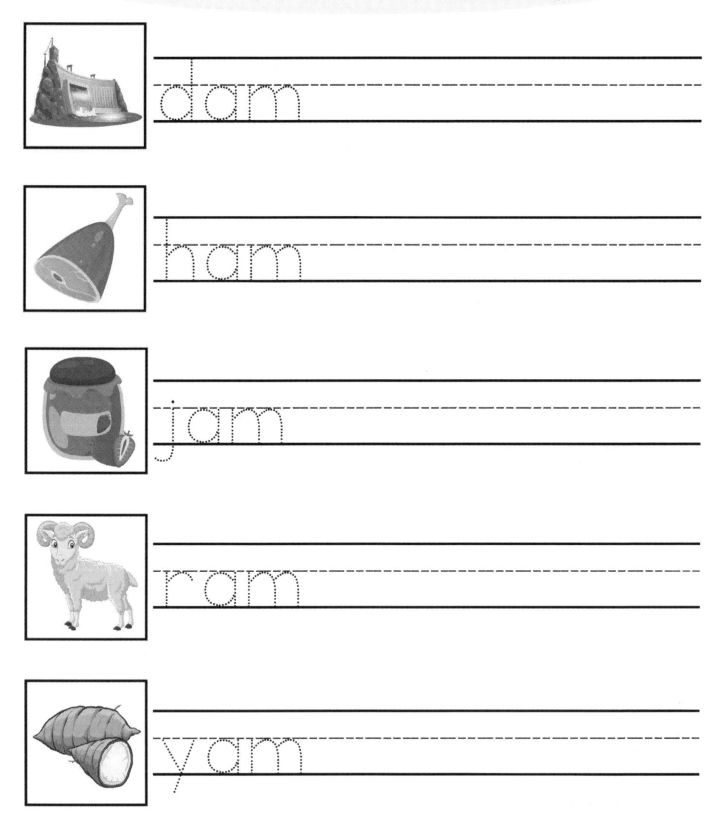

dam

ham

jam

ram

yam

Match the words to the pictures
and trace the words

jam

ram

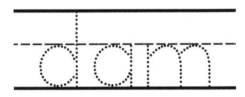
dam

yam

ham

Match the words to the pictures and write them down

_____

_ _ _ _ _ _ _ _ _ _ _ _ _

_____

_____

_ _ _ _ _ _ _ _ _ _ _ _ _

_____

_____

_ _ _ _ _ _ _ _ _ _ _ _ _

_____

_____

_ _ _ _ _ _ _ _ _ _ _ _ _

_____

_____

_ _ _ _ _ _ _ _ _ _ _ _ _

_____

ram

jam

yam

ham

dam

Look at the pictures and write the missing letters

Look at the pictures and unscramble and write the words

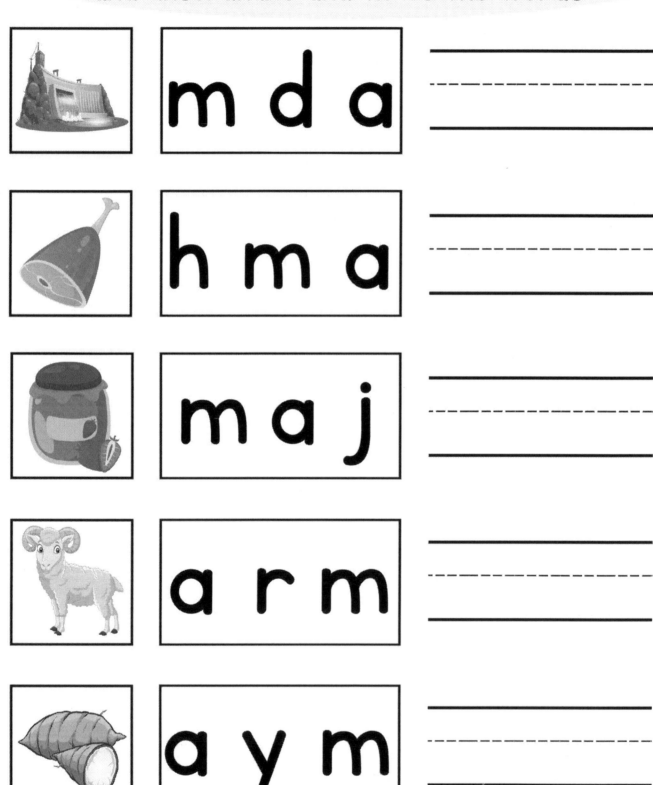

Look at the pictures
and choose the correct words to complete the sentences

ram **dam** **yam**
  jam   **ham**

That is a big _____.

I ate the _____.

Do you like _____?

Look at the _____.

I like to eat _____.

Look at the pictures and trace the words

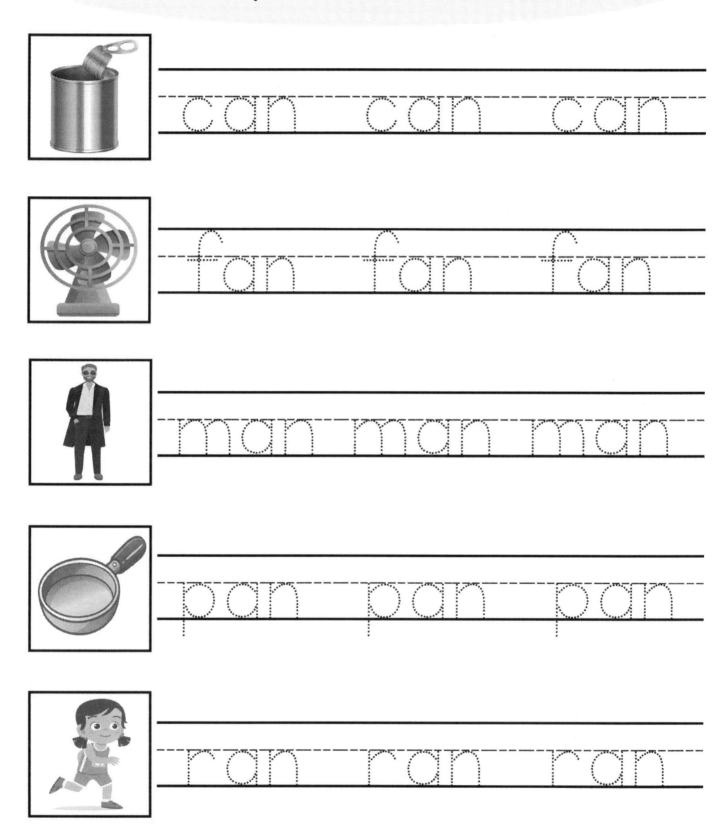

can   can   can

fan   fan   fan

man   man   man

pan   pan   pan

ran   ran   ran

Look at the pictures
and trace and write the words

Match the words to the pictures
and trace the words

Match the words to the pictures and write them down

man

pan

can

ran

fan

Look at the pictures and write the missing letters

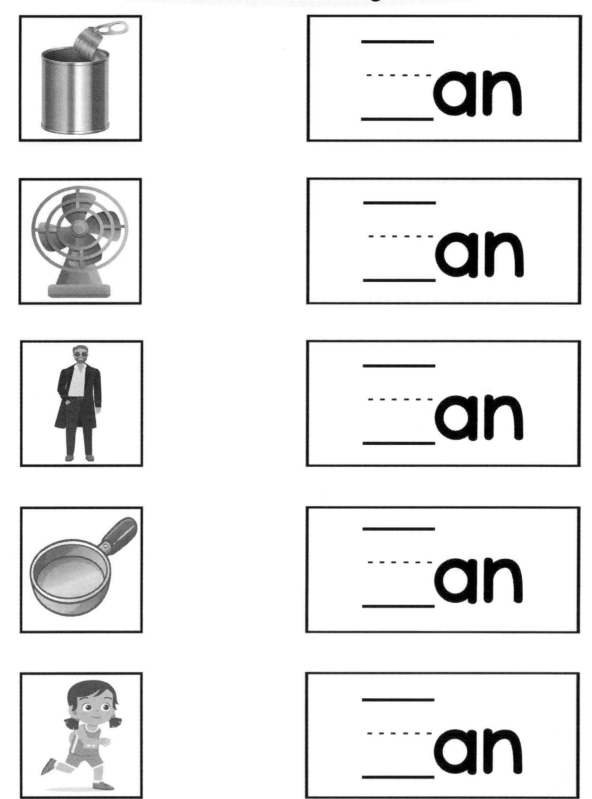

_ _an

_ _an

_ _an

_ _an

_ _an

Look at the pictures
and unscramble and write the words

c n a

_____

n f a

_____

m n a

_____

n p a

_____

n a r

_____

Look at the pictures
and choose the correct words to complete the sentences

ran   **can**   **man**
fan   **pan**

The _____ is open.

Turn the _____ on.

I am a _____ .

The _____ is hot.

She _____ very fast.

Look at the pictures and trace the words

cap cap cap

gap gap gap

tap tap tap

map map map

nap nap nap

Look at the pictures
and trace and write the words

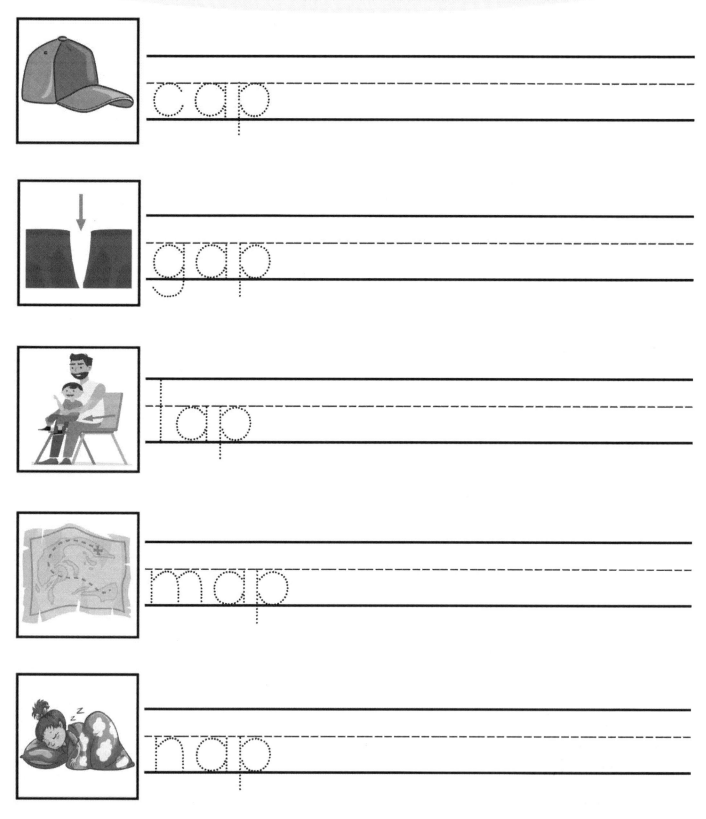

cap

gap

tap

map

nap

Match the words to the pictures
and trace the words

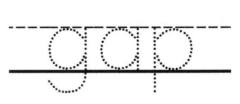

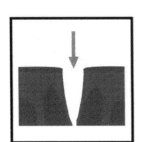

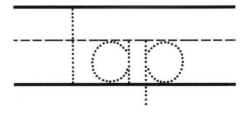

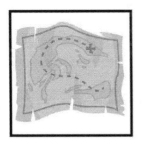

Match the words to the pictures and write them down

Picture	Answer line	Word
(cap)	_____	**map**
(gap)	_____	**nap**
(lap)	_____	**cap**
(map)	_____	**gap**
(nap)	_____	**lap**

Look at the pictures
and write the missing letters

_____ ap

_____ ap

_____ ap

_____ ap

_____ ap

Look at the pictures and unscramble and write the words

Look at the pictures
and choose the correct words to complete the sentences

map **cap** **nap**
gap **lap**

Look at my _____.

Look at the _____.

He sat on my _____.

Find it on the _____.

I need a _____.

Look at the pictures and trace the words

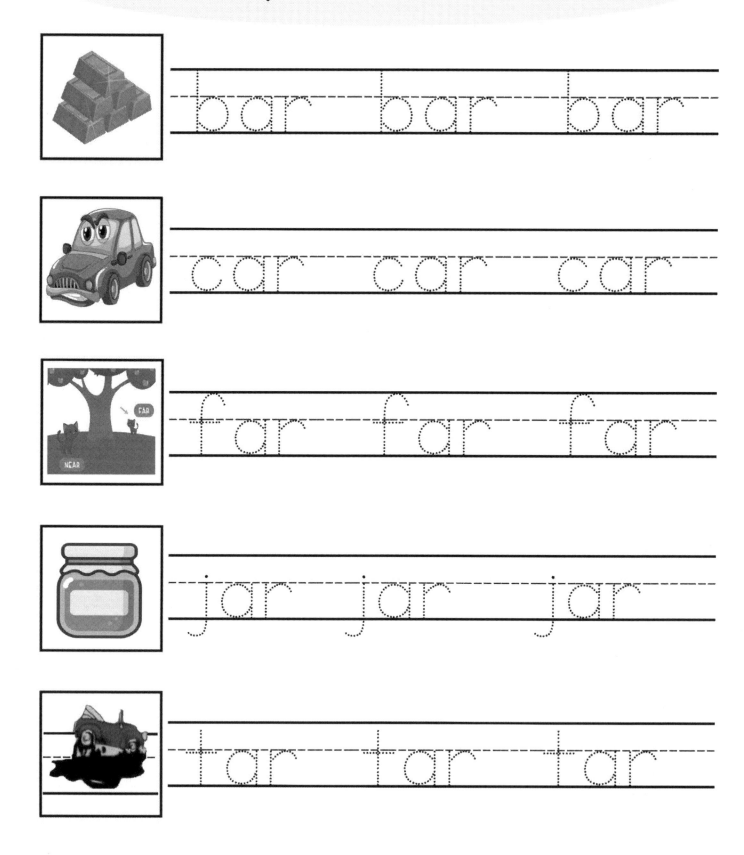

bar bar bar

car car car

far far far

jar jar jar

tar tar tar

Look at the pictures
and trace and write the words

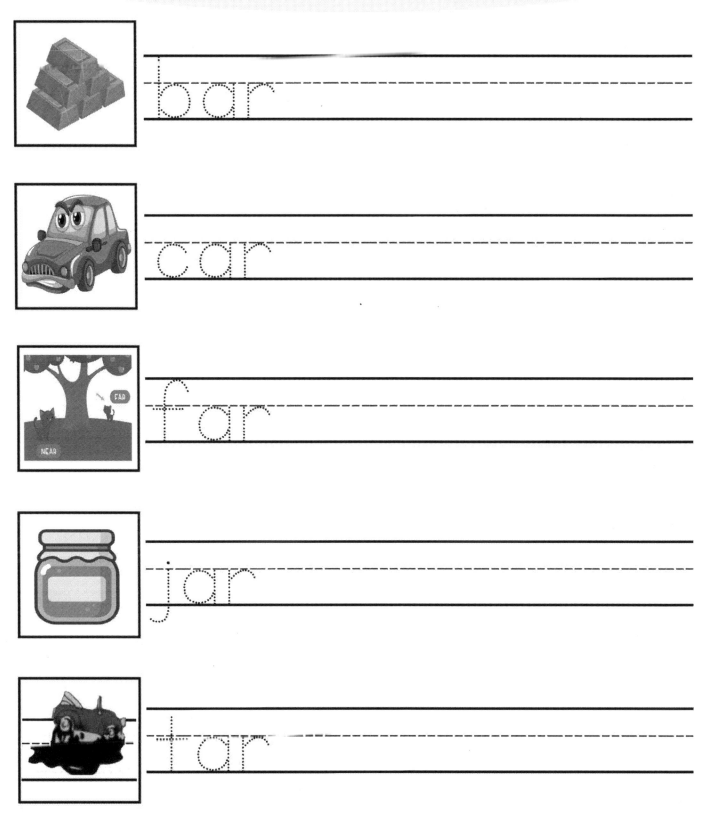

Match the words to the pictures and trace the words

car

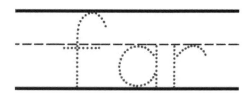

far

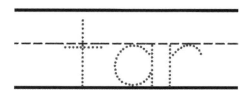

tar

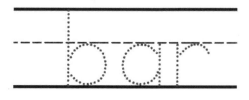

bar

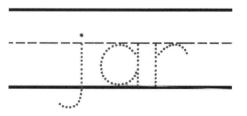

jar

Match the words to the pictures and write them down

bar

car

far

jar

tar

---

tar

bar

jar

car

far

Look at the pictures
and write the missing letters

___ ar

___ ar

___ ar

___ ar

___ ar

Unscramble and Write

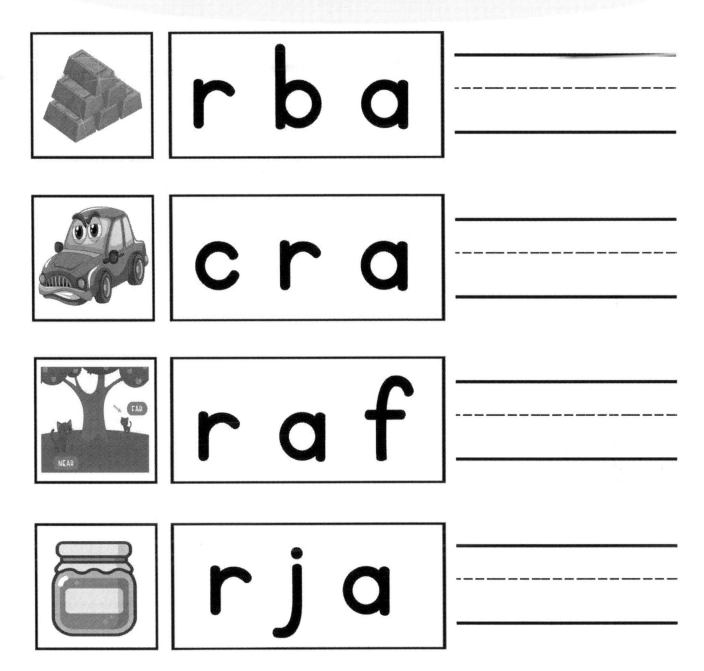

r b a _____

c r a _____

r a f _____

r j a _____

t r a _____

Look at the pictures
and choose the correct words to complete the sentences

tar   car   jar
    bar   far

 This is a gold _____.

 I have a red _____.

 The cat went _____ away.

 I put it in the _____.

 Look at the black _____.

Look at the pictures and trace the words

Look at the pictures and trace the words

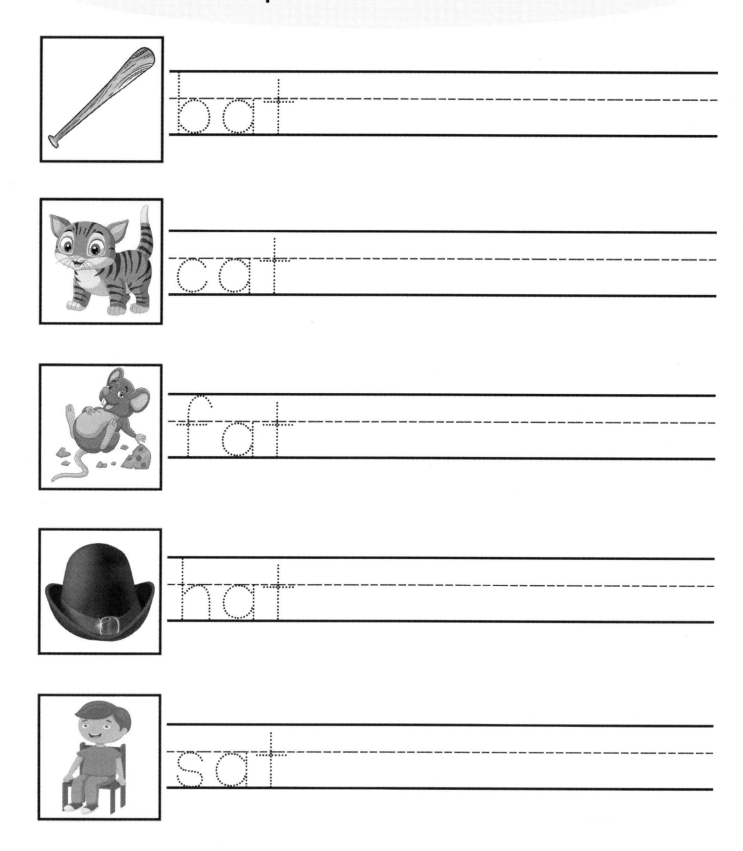

bat

cat

fat

hat

sat

Match the words to the pictures and trace the words

   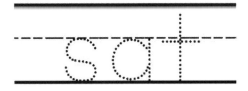

   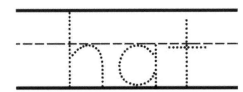

   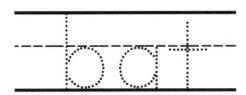

   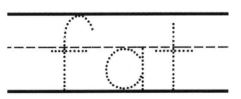

Match the words to the pictures and write them down

bat	_____	**sat**
cat	_____	**bat**
rat	_____	**hat**
hat	_____	**cat**
sat	_____	**fat**

Look at the pictures and write the missing letters

 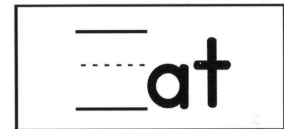

Look at the pictures and unscramble and write the words

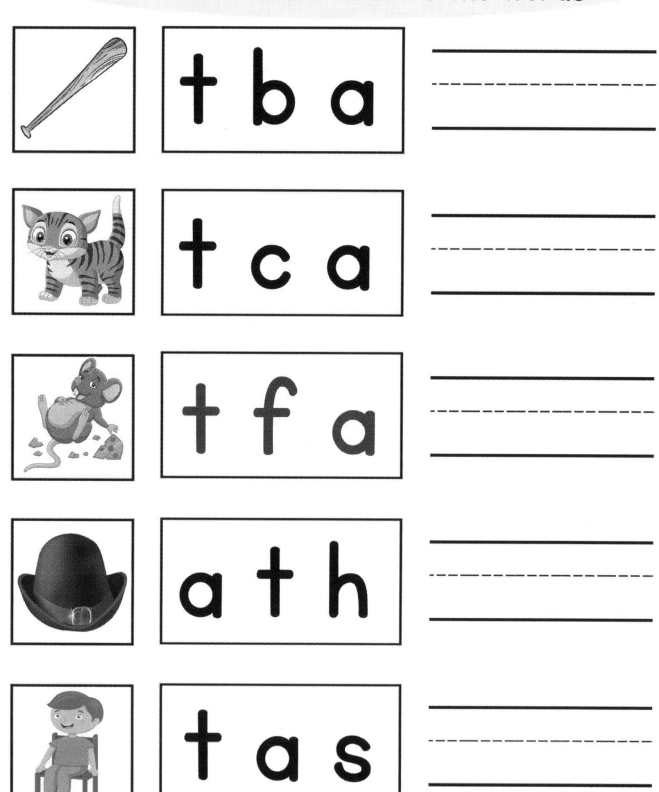

Look at the pictures
and choose the correct words to complete the sentences

hat   bat   fat
    cat   sat

Is that a _____?

It's my little _____.

This rat is _____.

Where is my _____?

The boy _____ down.

Look at the pictures and trace the words

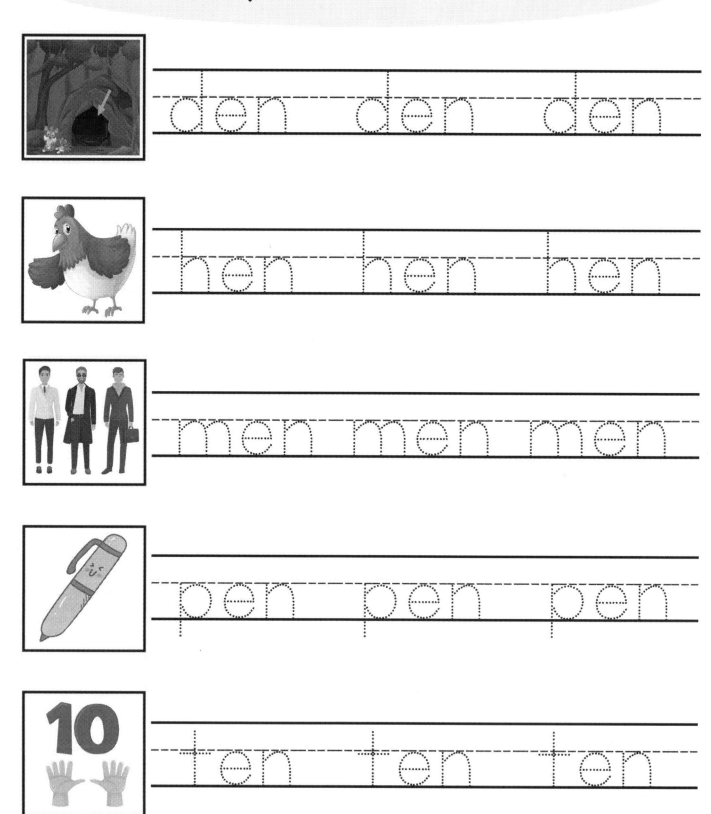

den den den

hen hen hen

men men men

pen pen pen

ten ten ten

Look at the pictures
and trace and write the words

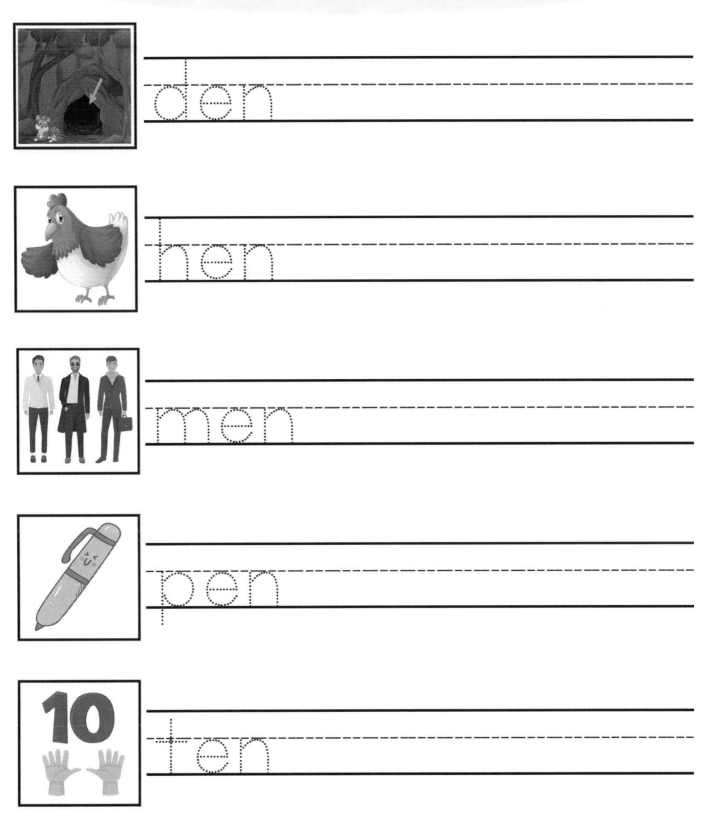

den

hen

men

pen

ten

Match the words to the pictures and trace the words

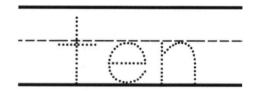

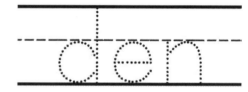

Match the words to the pictures and write them down

Picture	Line	Word bank
	_____	ten
	_____	men
	_____	den
	_____	hen
	_____	pen

Look at the pictures and write the missing letters

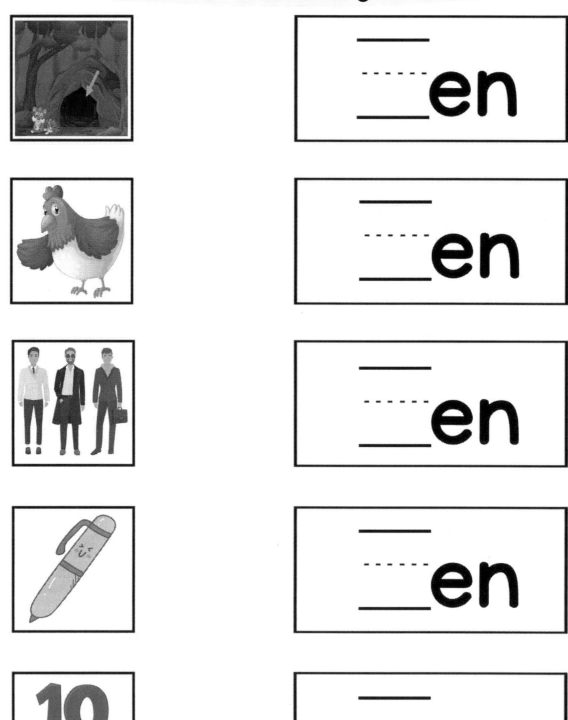

___ en

___ en

___ en

___ en

___ en

Look at the pictures and unscramble and write the words

 n e d _____

 h n e _____

 n m e _____

 p n e _____

 n e t _____

Look at the pictures
and choose the correct words to complete the sentences

ten   pen   den
   hen   men

Who is in the _____?

This is a _____.

There are three _____.

Where is my _____?

I have _____ pens.

Look at the pictures and trace the words

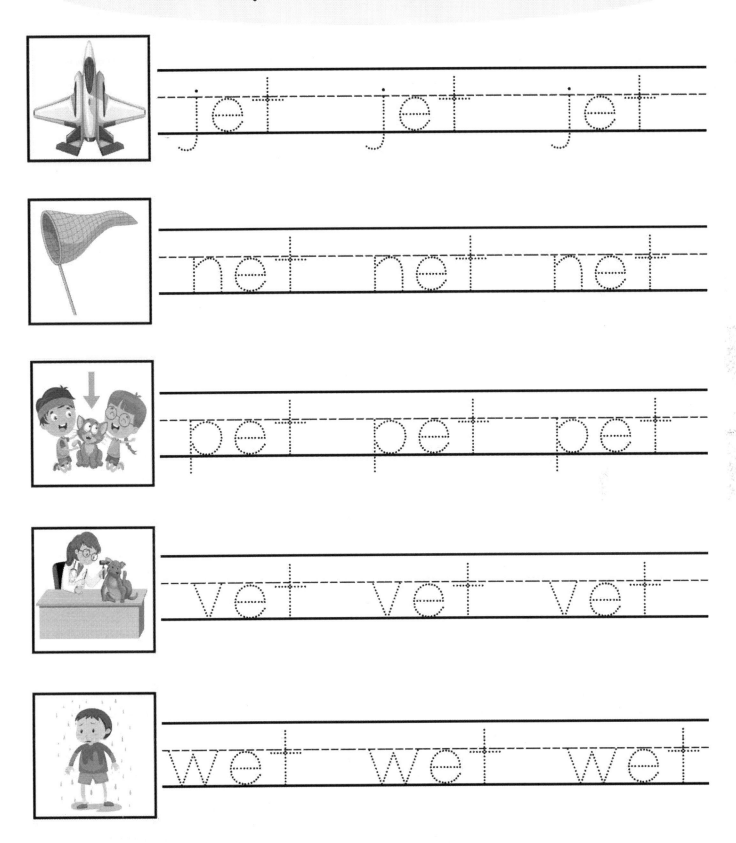

Look at the pictures
and trace and write the words

jet

net

pet

vet

wet

Match the words to the pictures and trace the words

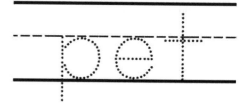

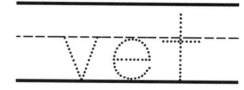

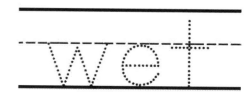

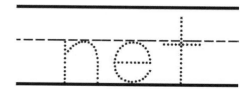

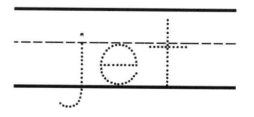

Match the words to the pictures and write them down

wet

pet

jet

net

vet

Look at the pictures
and write the missing letters

Look at the pictures and unscramble and write the words

Look at the pictures
and choose the correct words to complete the sentences

vet   jet   wet
      net   pet

 I see a big _____.

 I have a big _____.

 We like our _____.

 The _____ saw the dog.

 The boy is _____.

Look at the pictures and trace the words

big   big   big

dig   dig   dig

fig   fig   fig

pig   pig   pig

wig   wig   wig

Look at the pictures
and trace and write the words

Match the words to the pictures and trace the words

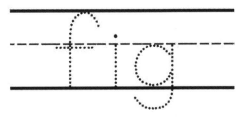

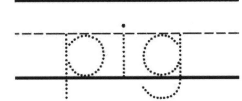

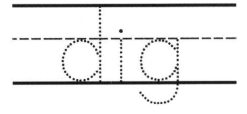

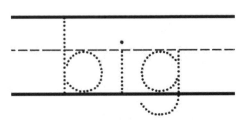

Match the words to the pictures and write them down

	_____	pig
	_____	fig
	_____	dig
	_____	wig
	_____	big

Look at the pictures and write the missing letters

___ig

___ig

___ig

___ig

___ig

Look at the pictures and unscramble and write the words

 i b g _____

 g i d _____

 i g f _____

 g p i _____

 w g i _____

Look at the pictures
and choose the correct words to complete the sentences

wig **fig** **pig** **dig** **big**

 Look at the _____ dinosaur.

 Can you help me _____?

 I will eat a _____.

 Look at the funny _____.

 Where is my _____?

Look at the pictures and trace the words

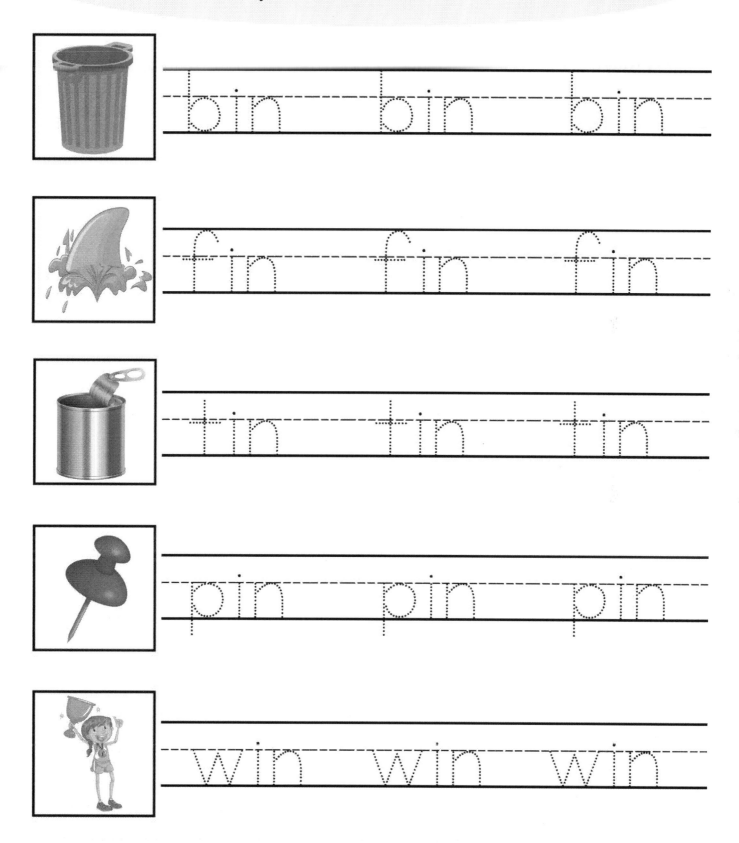

bin   bin   bin

fin   fin   fin

tin   tin   tin

pin   pin   pin

win   win   win

Look at the pictures and trace the words

bin

fin

tin

pin

win

Match the words to the pictures and trace the words

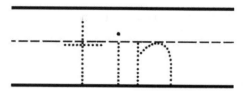

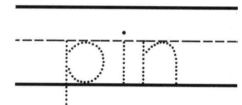

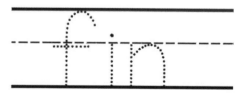

Match the words to the pictures and write them down

win

pin

bin

fin

tin

Look at the pictures and write the missing letters

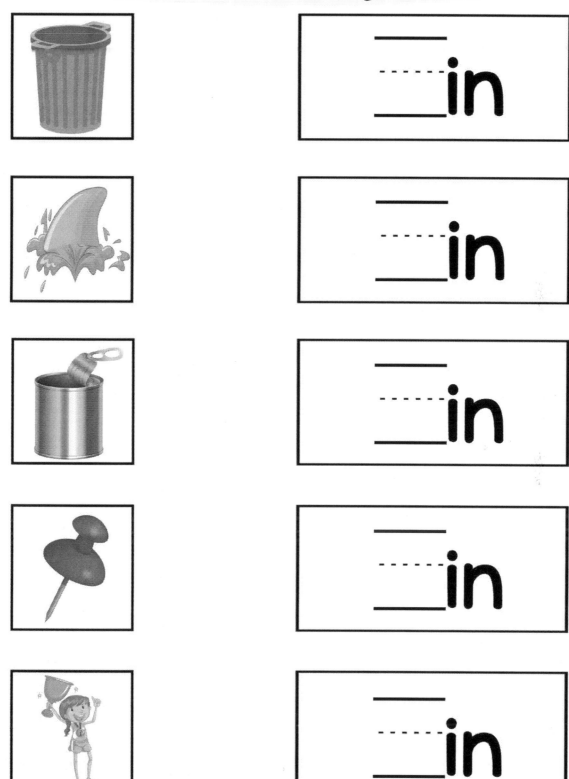

Look at the pictures
and unscramble and write the words

b n i _____

i n f _____

t n i _____

i p n _____

n i w _____

Look at the pictures
and choose the correct words to complete the sentences

pin   bin   win
   fin   tin

This is a _____.

This is a big _____.

The _____ is open.

The _____ is red.

You will _____.

Look at the pictures and trace the words

dip   dip   dip

hip   hip   hip

lip   lip   lip

sip   sip   sip

zip   zip   zip

Look at the pictures
and trace and write the words

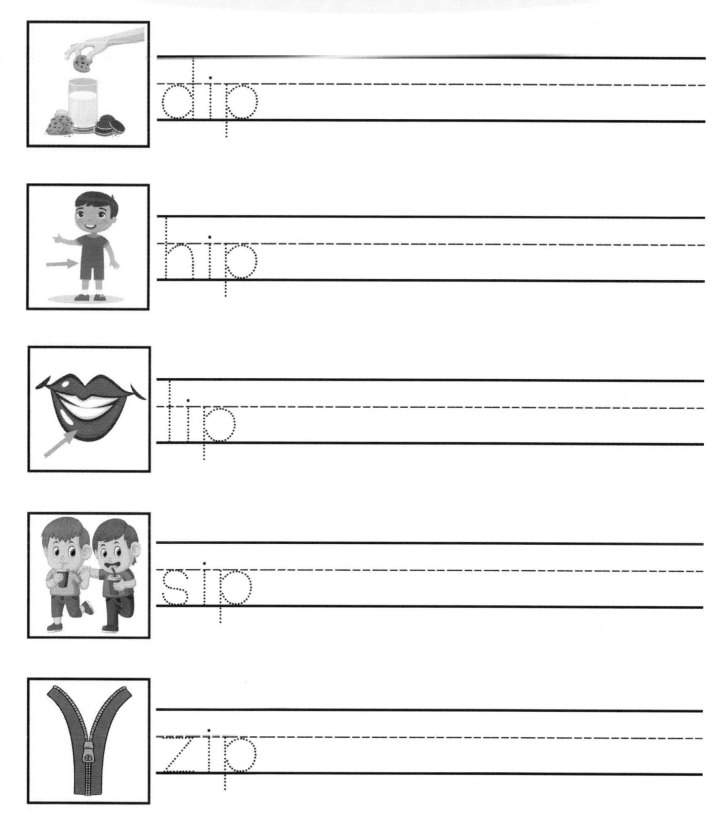

dip

hip

tip

sip

zip

Match the words to the pictures and trace the words

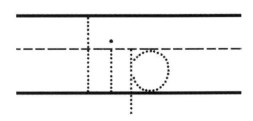

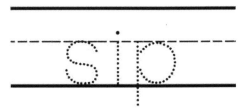

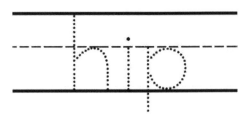

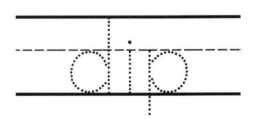

Match the words to the pictures and write them down

	_____	**sip**
	_____	**dip**
	_____	**zip**
	_____	**lip**
	_____	**hip**

Look at the pictures and write the missing letters

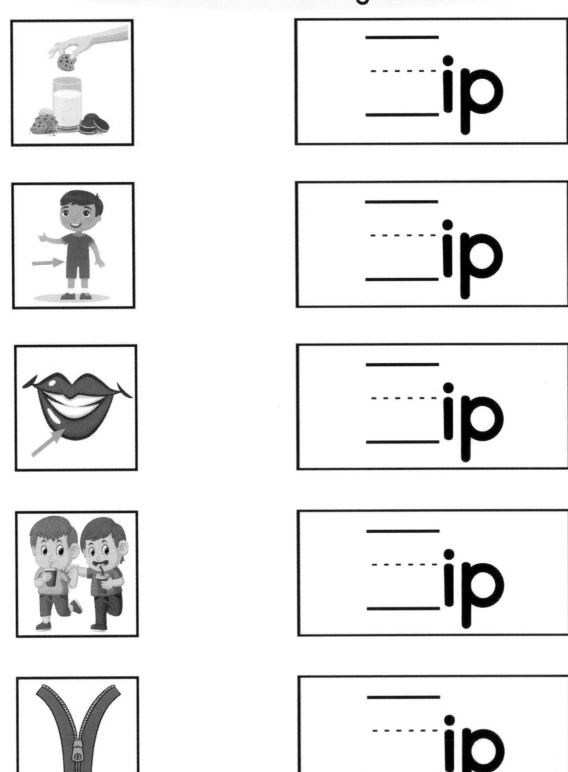

_ _ ip

_ _ ip

_ _ ip

_ _ ip

_ _ ip

Look at the pictures and unscramble and write the words

Look at the pictures
and choose the correct words to complete the sentences

dip **lip** **zip** **sip** **hip**

 You can _____ it in the milk.

 This is my _____.

 My _____ is red.

 You can have a little _____.

 You can _____ it up.

Look at the pictures and trace the words

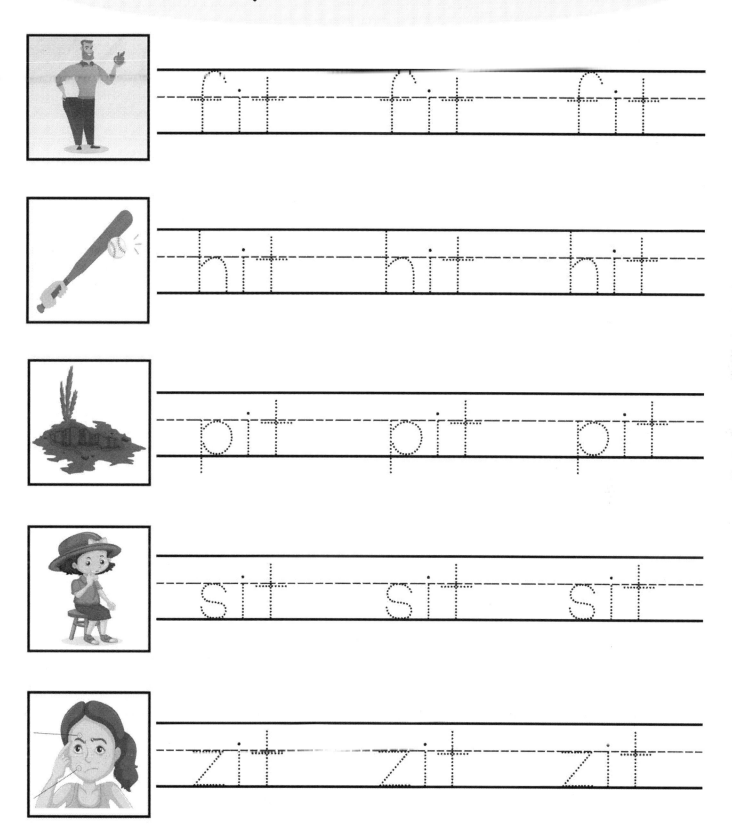

Look at the pictures
and trace and write the words

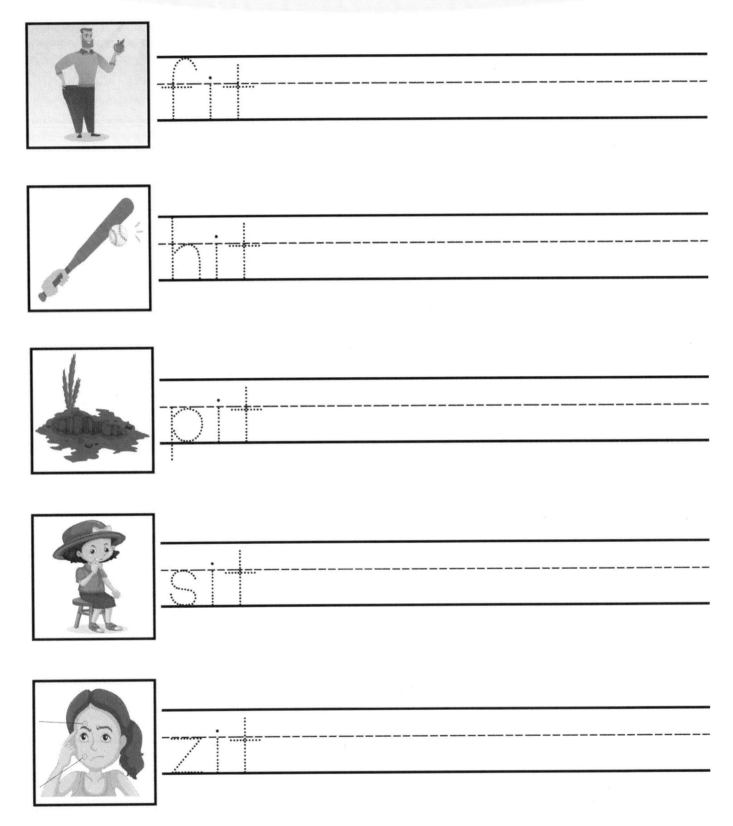

Match the words to the pictures and trace the words

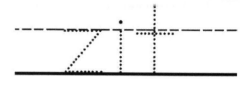

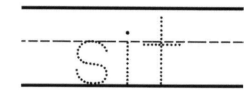

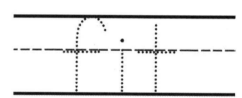

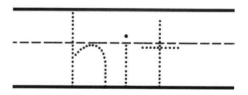

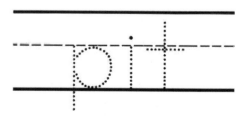

Match the words to the pictures and write them down

zit

fit

sit

hit

pit

Look at the pictures and write the missing letters

Look at the pictures and unscramble and write the words

t f i _____

h t i _____

i p t _____

t s i _____

i t z _____

Look at the pictures
and choose the correct words to complete the sentences

zit   hit   fit
   pit   sit

Can it _____?

I can _____ the ball.

Can you _____ a pit?

Can you _____ down?

I have a big _____.

Look at the pictures and trace the words

dog   dog   dog

fog   fog   fog

hog   hog   hog

jog   jog   jog

log   log   log

Look at the pictures
and trace and write the words

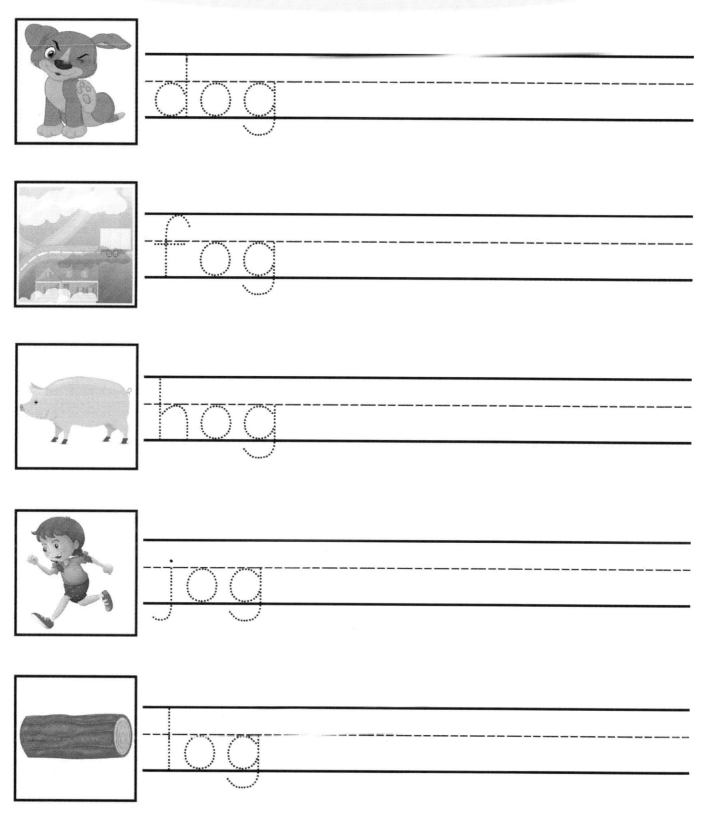

Match the words to the pictures and trace the words

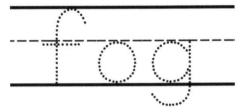

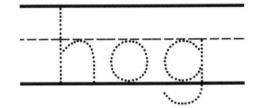

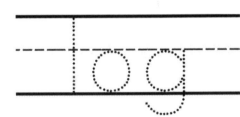

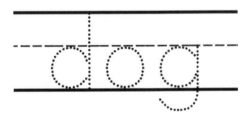

Match the words to the pictures and write them down

jog

dog

log

fog

hog

Look at the pictures and write the missing letters

Look at the pictures and unscramble and write the words

d g o

_____

g o f

_____

o g h

_____

g o j

_____

g l o

_____

Look at the pictures
and choose the correct words to complete the sentences
jog fog hog log dog

This is my _____.

Look at the _____.

It is a big _____.

I like to _____.

He sat on a _____.

Look at the pictures and trace the words

bug   bug   bug

hug   hug   hug

jug   jug   jug

mug   mug   mug

rug   rug   rug

Look at the pictures and trace the words

bug

hug

jug

mug

rug

Match the words to the pictures and trace the words

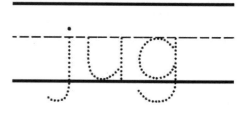
jug

rug

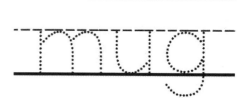
mug

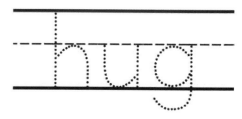
hug

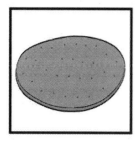

bug

Match the words to the pictures and write them down

hug

mug

rug

bug

jug

Look at the pictures
and write the missing letters

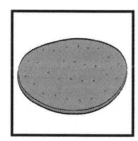

Look at the pictures and unscramble and write the words

b g u _____

u g h _____

g j u _____

g m u _____

g u r _____

Look at the pictures
and choose the correct words to complete the sentences

mug   **hug**   **bug**
   jug   **rug**

 It is a little _____.

 Give me a _____.

 It is a big _____.

 It is my red _____.

 We have a big _____.

Look at the pictures and trace the words

bun bun bun

fun fun fun

gun gun gun

run run run

sun sun sun

Look at the pictures
and trace and write the words

bun

fun

gun

run

sun

Match the words to the pictures
and trace the words

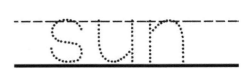

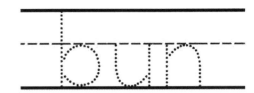

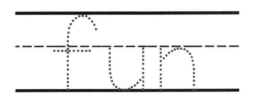

Match the words to the pictures and write them down

sun

run

fun

gun

bun

Look at the pictures and write the missing letters

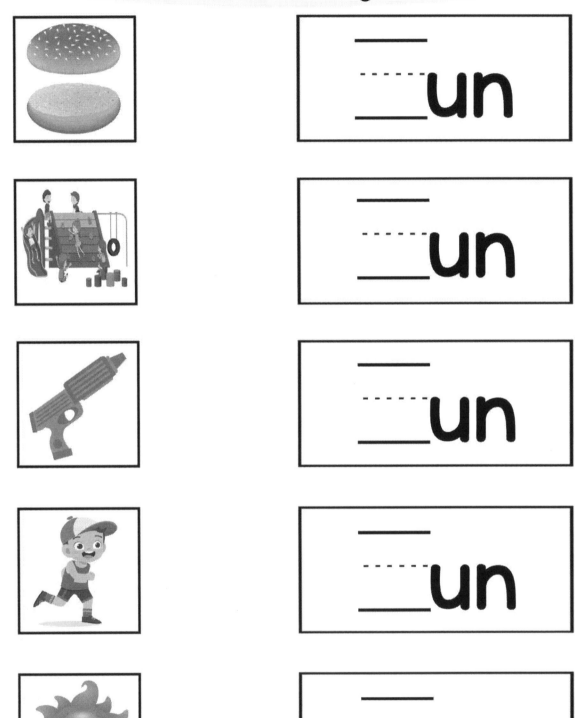

Look at the pictures and unscramble and write the words

 n b u _____

 f n u _____

 u n g _____

 n u r _____

 s n u _____

Look at the pictures
and choose the correct words to complete the sentences

gun   sun   fun

fun   run

 I ate a big _____.

 We had _____.

 Look at my _____.

 I like to _____.

I like the _____.

If you have enjoyed our book
please give us a rating
or leave a review.

Made in United States
Orlando, FL
15 April 2023

32138371R00063